NATIONAL GEOGRAPHIC

Peldaños

LA COSTA DEL GOLFO

¿DÓNDE ES ESO?

Bienvenido a la costa del Golfo

por Sherri Patoka

Te encuentras en una playa observando las olas que te salpican. El agua del golfo de México te sobrepasa a gran velocidad y fluye a través de la alta hierba. Esta inundación sobre la hierba produce una **marisma**. Las marismas conforman una gran parte de esta región y albergan a muchas plantas y animales.

Esta es la costa del Golfo en los Estados Unidos. Se ubica junto al golfo de México, una gran masa de agua entre los Estados Unidos y México. El Golfo está unido al océano Atlántico, pero principalmente está rodeado por tierra. Por lo tanto, su agua no se mueve mucho, y se vuelve realmente salada.

Los pantanos de la costa del Golfo albergan a muchos animales, incluidos caimanes y aves zancudas. Unos árboles enredados llamados **mangles** también crecen aquí.

No obstante, la tierra no solo es pantano. Mucho más allá del océano, la húmeda marisma cubierta de hierba se convierte en **dunas** arenosas elevadas. Los habitantes de la costa del Golfo disfrutan del mar y de un estado del tiempo caluroso y soleado.

Esta playa de la costa del Golfo está en Baldwin County, Alabama.

3

¿Dónde es eso?

LA COSTA DEL GOLFO

¿Qué hay para ver en la costa del Golfo? Ciudades increíbles como Nueva Orleans, fauna extraña e historia natural. Observemos unos cuantos ejemplos de los estados del área.

Texas

El armadillo es el mamífero pequeño oficial de Texas.

Cuenta la leyenda que muchos barcos de tesoros españoles naufragaron cerca de la costa de la Isla del Padre. Los buscadores de tesoros aún van allí a buscar oro y plata.

Texas fue un país independiente desde 1836 hasta 1845, antes de convertirse en estado de los EE. UU.

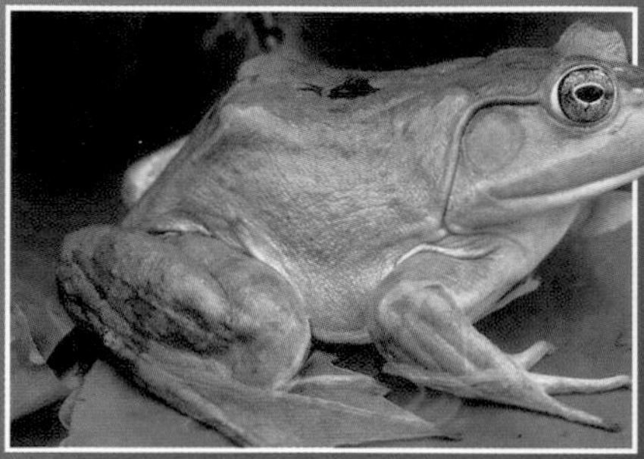

Luisiana

La ciudad de Rayne tiene muchas ranas y eventos temáticos sobre las ranas. ¡Es la "capital mundial de la rana"!

La ciudad de Jean Lafitte era un escondite de piratas en el siglo XIX.

El Centro de las Rosas Estadounidenses en Shreveport cultiva rosas verdes llamadas *Rosa monstrosa*.

Texas

< Armadillo

Alabama

Los carteros traen el correo en barco en Magnolia Springs.

Durante una inundación, las hormigas coloradas de Alabama se prenden unas de otras para formar una balsa para poder flotar.

Alabama tiene una estatua gigante de un escarabajo del algodón, un insecto que destruyó los cultivos de algodón a comienzos del siglo XX.

> Flamenco

Mississippi

Gulfport se autoproclama la "Capital Mundial de la Cerveza de Raíz". Una marca famosa de cerveza de raíz comenzó cerca de aquí.

Los visitantes de la ciudad de Flora pueden ver árboles petrificados. Un antiguo río arrastraba estos árboles adonde quedaban cubiertos con tierra. Con el tiempo, los árboles se convirtieron en piedra.

Mientras cazaba en Mississippi, el presidente Teddy Roosevelt se negó a dispararle a un oso. Por eso se llama "Teddy bear" a los osos de peluche en inglés.

Florida

Los flamencos de la Florida tienen ese color por comer camarones.

La Florida es el único lugar donde los caimanes y los cocodrilos viven en la misma región.

Los indígenas seminola de la Florida tienen una palabra que significa "lugar seco en el pantano cubierto con muchos árboles". Es *Opatishawockalocka*.

Alabama

Mississippi

Florida

Luisiana

Compruébalo ¿Cómo describirías la tierra y el agua de la costa del Golfo?

GÉNERO Artículo científico

Lee para descubrir sobre dos criaturas asombrosas de la región de la costa del Golfo.

¡Medusas! y otras criaturas

por Grace Coffey

De noche, quizá veas criaturas brillantes en el golfo de México. Se llaman medusas, y no son peces. Las medusas pueden ser transparentes, marrones, rosadas, azules o blanco brillante. Hay 200 especies de medusas.

Las medusas no tienen columna vertebral. Entre sus capas externa e interna de piel hay una sustancia gelatinosa. Flotan en el agua con las **corrientes** marinas y se mueven hacia arriba y abajo abriendo y cerrando su cuerpo con forma de campana. Las corrientes marinas suelen arrastrar a las medusas a la playa con la marea.

La medusa no tiene cerebro. En cambio, tiene un sistema de nervios, o fibras, que envían señales al cuerpo, para detectar la luz, sentir el agua y hallar alimento. Usan sus **tentáculos**, o brazos, para atrapar pequeños **organismos** y comérselos. Pero las medusas también cazan peces más grandes. Si un pez toca los tentáculos de la medusa, recibirá un aguijonazo venenoso. El veneno inmoviliza al pez, y la medusa lo atrae hacia su boca.

Las medusas viven en océanos salados cerca de la costa. Se han encontrado muy pocas en agua dulce. Por lo general las medusas son diminutas, de una pulgada a un pie de largo. Pero algunas medusas son gigantes: ¡miden siete pies de largo con tentáculos de hasta 200 pies de largo!

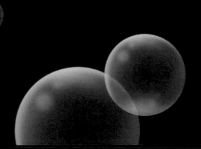

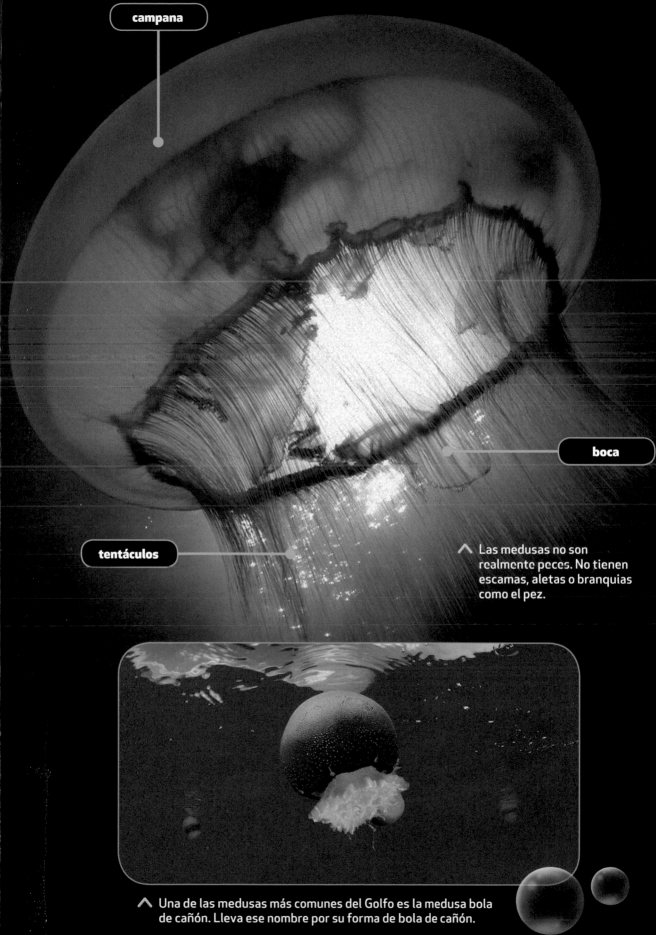

campana

boca

tentáculos

Las medusas no son realmente peces. No tienen escamas, aletas o branquias como el pez.

Una de las medusas más comunes del Golfo es la medusa bola de cañón. Lleva ese nombre por su forma de bola de cañón.

¡Ay, pica!

¡Cuidado! Las medusas no atacan a los seres humanos, pero puede ser difícil verlas en el agua. Si chocas con una, puede aguijonearte.

Los tentáculos de una medusa tienen aguijones, como garfios. Los aguijones contienen veneno que se dispara cuando la medusa toca algo. Incluso después de que una medusa muere, los tentáculos siguen siendo peligrosos. Puedes clavarte un aguijón si pisas una medusa muerta.

∧ La medusa luna también es común en el Golfo. ¿Por qué crees que se llama así?

Si te pica una medusa:

1. Sal del agua. Cuéntale a un salvavidas o a un adulto.

2. Enjuaga la picadura con vinagre o agua salada. Enjuagar puede ayudar a detener la picadura. No uses agua dulce... eso solo aumentará la sensación de picadura.

3. Con un palo o una toalla, desprende los tentáculos que estén adheridos a tu piel.

4. Si tienes problemas para respirar o te sientes enfermo o mareado, busca atención médica de inmediato. Haz lo mismo si la inflamación se propaga o si te salen sarpullidos.

PARECE una medusa

Junto a la costa del Golfo, también encontrarás la carabela portuguesa. Como la medusa, tiene una parte superior flotadora redondeada y tentáculos venenosos, pero también es MUY diferente. Ni siquiera es una sola criatura, sino cuatro criaturas que viven como una. Estas criaturas extrañas, llamadas pólipos, pueden tener aspectos muy diferentes.

El pólipo de la parte superior flota en el agua y se parece a un barco de guerra a vela llamado carabela. Otros pólipos componen los tentáculos venenosos. Los tentáculos por lo general miden unos 30 pies de largo, pero algunos pueden llegar a medir 150 pies o más. Estos brazos letales paralizan a la presa y la llevan a la boca de la carabela, donde otro pólipo la digiere.

La carabela vive en los océanos de todo el mundo. Puedes ver a más de 1,000 flotando juntas.

Las carabelas portuguesas también se llaman botellas azules. El nombre proviene del color azul del pólipo que flota en el agua.

Compruébalo Describe tres datos que te sorprendieron de las medusas o las carabelas.

9

Todo en un día de trabajo

por Brett Gover

Muchas personas eligen vivir en la costa del Golfo por su estado del tiempo cálido, fauna diversa y bellas playas. Pero los habitantes de este lugar también tienen que trabajar, y la costa del Golfo ofrece muchos trabajos.

En primer lugar, observemos los trabajos en el agua. Los barcos recorren el Golfo, ríos y canales para entregar mercancía en muchos puertos. Hay muchos trabajos en los barcos y los muelles, cargando y descargando mercancía.

Bajo el agua, los trabajadores perforan el lecho marino para llegar al petróleo. Usamos el petróleo para hacer andar a los carros y calefaccionar las casas. El petróleo también está en otros productos, como la pintura e incluso la pasta de dientes.

Muchas personas trabajan en la industria pesquera. En el golfo de México viven millones de peces. Sin los mariscos de la costa del Golfo, gran parte del país no tendría ostras y camarones.

No te olvides del turismo. Todos los años, millones de personas visitan la costa del Golfo para disfrutar de las playas, las maravillas subacuáticas y la fauna. Eso crea muchos trabajos.

Un guardabosques se desliza en un aerobote a través de los Everglades. Los Everglades son un pantano en la punta sur de la Florida. Constituye el borde oriental de la costa del Golfo.

Jábega para camarones

¡Hola! Soy Jackie. Estoy pescando camarones en la **jábega** de mi tío Mick, un barco que hala redes de arrastre, o redes enormes, por el fondo del mar. Una red de arrastre grande puede atrapar miles de libras de camarones por día.

5:00 A.M. Mientras salimos del puerto, ayudo al tío Mick a revisar las cuerdas, las poleas, las anclas y las redes del barco.

6:30 A.M. El tío Mick recoge su primera tanda de camarones. Empacamos los camarones en hielo. Parecen insectos enormes. El tío Mick ve a un tiburón que ronda el barco, atraído por nuestra carnada.

10:00 A.M. El tiburón se fue, pero unas nubes de tormenta se dirigen hacia aquí. Las tormentas pueden traer olas suficientemente fuertes para voltear nuestra jábega. Navegamos de vuelta al puerto para esperar que pase el mal tiempo.

2:00 P.M. Estamos de vuelta en el agua después de la tormenta y el tío Mick me pide que arregle una rasgadura en la red. Me pregunto si el tiburón hizo esto.

4:00 P.M. Recogemos la última tanda. Nos dirigimos al puerto, donde venderemos lo que atrapamos. Luego vamos a casa a cenar. Después de tanto camarón, estamos listos para una hamburguesa con queso.

Los barcos camaroneros pequeños como este son ideales para pescar en aguas poco profundas.

Estos trabajadores extraen petróleo en una plataforma petrolífera. Los trabajadores de una plataforma deben usar cascos y gafas protectoras cuando hacen este trabajo peligroso.

Extraer petróleo del fondo del mar

Soy Jerry. Trabajo en una plataforma petrolífera en el océano. En una plataforma petrolífera se extrae petróleo del fondo del mar. La plataforma está mar adentro, por lo tanto, trabajamos aquí varias semanas por vez. Una plataforma grande tiene una cafetería, un teatro, un gimnasio y una tienda... no es que tengamos mucho tiempo libre. Trabajamos turnos de 12 horas, y el trabajo es peligroso.

6:00 A.M. ¡Es hora de una reunión! Los administradores hablan sobre cómo mantener el flujo de petróleo y mantener a los trabajadores a salvo. El petróleo de una plataforma puede generar más de mil millones de dólares por año. Trabajamos para evitar errores, ya que los derrames de petróleo dañan el medio ambiente, desperdician petróleo y cuestan dinero. Pero siempre son un peligro con las máquinas complejas que usamos.

7:00 A.M. a 7:00 P.M. Primero, revisamos nuestros instrumentos, hacemos reparaciones y trasladamos el equipo a su lugar. Tenemos presente el peligro de explosiones cuando manipulamos máquinas enormes. El petróleo sube por tuberías hasta un tanque. Luego los trabajadores lo bombean a un barco, que lo lleva para procesarlo. La plataforma petrolífera trabaja todo el día, pues nuevos trabajadores empiezan cuando nosotros terminamos. Después de la cena, llamaré a mi familia y luego leeré un libro.

Adiestrar delfines

Soy Morgan, adiestrador de delfines en el parque **marino** de la costa del Golfo. Algunos creen que los delfines no deberían usarse para el entretenimiento. Muchos grupos rescatan a delfines lesionados. Los cuidan hasta que sanan y los liberan. Pero la mayoría de los delfines de parques como el nuestro nacieron aquí. Los adiestradores trabajan para mantener a los delfines sanos y contentos.

6:30 A.M. al mediodía Hora de "sacar a cubos" la comida de la mañana. ¡Un delfín come hasta 20 libras de pescado por día! Nado con los delfines y hago que aprendan con señas con las manos, silbatos y bocadillos. Cada vez que un delfín hace algo increíble, le lanzo un pescado. Esa es una técnica de adiestramiento efectiva para estos inteligentes mamíferos.

1:00 P.M. Después del mediodía viene el espectáculo de la alimentación de los delfines. Los delfines muestran al público lo inteligentes que son. Les hago una seña con la mano y los dos delfines nadan, saltan y giran juntos y salpican agua. Las personas que están cerca se mojan, pero no les importa.

3:00 P.M. Mi turno termina, pero tomo nota de lo que aprendí. Anoto los estados de ánimo, los nuevos ruidos y la apariencia de los delfines. Tengo suerte de trabajar tan cerca de estos mamíferos marinos.

Compruébalo ¿Qué tipos de trabajos tienen las personas en la región de la costa del Golfo?

Petróleo, petróleo
EN TODOS LADOS

por Stuart Ewell

∧ ¿Ves algún derivado del petróleo en esta foto? Se usó petróleo para hacer el camino. El casco y las ruedas de la patineta del patinador también están hechos de petróleo.

El petróleo es un combustible muy importante. El petróleo y los productos que provienen de él nos ayudan a calefaccionar nuestra casa y a hacer andar nuestro carro. También se usa para hacer productos como cámaras y raquetas de tenis. Pero a veces el petróleo puede crear problemas. Los derrames de petróleo **contaminan**, o envenenan, los lugares donde viven muchas plantas y animales. Quemar petróleo como combustible también puede dañar la atmósfera, o la capa de aire que cubre la Tierra.

El petróleo se encuentra a gran profundidad del suelo. Se acumula en grandes pozos llamados **reservas**. Quizá hayas visto dibujos animados que muestran personajes que cavan en el suelo hasta que de repente se dispara un líquido negro hacia arriba. Hacen que parezca que la búsqueda y la recolección del petróleo son fáciles, pero sabemos que no es tan simple.

∧ 1. Hace cientos de millones de años, trocitos de plantas y animales muertos (que se muestran en marrón y verde arriba) quedaron enterrados debajo del lodo (gris). Unos trocitos quedaron enterrados bajo el mar (azul), otros no.

2. Con el paso del tiempo, el calor y la presión convirtieron parte del lodo en roca pesada. Esta capa de roca (marrón oscuro) hizo presión sobre la capa de plantas y animales muertos.

3. La inmensa presión convirtió a las plantas y los animales en petróleo (negro) y otros combustibles que extraemos de debajo del fondo del mar en la actualidad.

Perforar en el mar

Imagina que bebes jugo de naranja con un popote. Para beber el jugo, ejerces succión, o presión sobre el popote. Obtenemos petróleo de debajo de la tierra de una manera similar. Las perforadoras petrolíferas usan un motor para crear presión que succiona el petróleo por una tubería hasta la superficie de la Tierra.

La manera más fácil de obtener petróleo es cavar en el suelo. Allí es donde las compañías comenzaron a buscar reservas de petróleo. Pero después de 150 años de extraer petróleo, es más difícil encontrar petróleo debajo de la tierra.

Las compañías petroleras usan **árganos** para extraer petróleo de debajo del mar. Un árgano se parece a una torre o una plataforma. Los árganos se construyen sobre el fondo del mar donde se ha encontrado el petróleo. Las poleas y los cables adheridos al árgano introducen taladros enormes en el fondo del mar. Luego, el petróleo se bombea hasta el árgano, donde se coloca en tanques.

Esta enorme plataforma petrolífera se encuentra junto a la costa del Golfo. Está cerca de Port Aransas, Texas.

Hace que nuestro mundo funcione

Usamos petróleo principalmente para hacer andar nuestro carro y calefaccionar nuestra casa. Pero también necesitamos el petróleo para otras cosas. Usamos el petróleo para producir electricidad. Hace que funcionen los refrigeradores y los hornos. El petróleo también hace que funcione la bomba que lleva agua a nuestra casa y la máquina que calienta nuestra agua.

¿Quieres lavarte el cabello o jugar afuera? Tu champú y tu pelota de fútbol quizá se hayan hecho con productos derivados del petróleo. Todo lo que sea de plástico tiene petróleo. Incluso las suelas de tus zapatos quizá estén hechas de petróleo.

Imagina cuánto tomaría caminar la distancia que un carro puede recorrer en una hora. Imagina el número de personas que se necesitarían para construir un edificio sin máquinas modernas que funcionen con combustible hecho de petróleo.

Contamos con productos derivados del petróleo todos los días. Somos **dependientes** de ellos. Cuanto más petróleo usemos para hacer productos, más petróleo necesitaremos encontrar. Por lo tanto, hasta que aprendamos a usar menos o encontremos otras opciones de combustible, seguiremos extrayéndolo.

∧ Los bloques de construcción de plástico están hechos con derivados del petróleo.

La gasolina hecha de petróleo hace andar las cortadoras de césped. Sus ruedas también están hechas de derivados del petróleo.

El petróleo industrial se usa para hacer gasolina.

El petróleo se usa para fabricar las partes de un carro. El petróleo también hace andar a los carros.

La mayoría de las pelotas de baloncesto están hechas con petróleo.

DESVENTAJA: ¡Detengan la extracción!

Aunque el petróleo es muy útil, extraerlo del golfo de México es peligroso. Los trabajadores tienen que estar muy capacitados y seguir normas de seguridad para evitar los accidentes. Sin embargo, las explosiones en las plataformas petrolíferas han lastimado y matado a trabajadores. Los derrames de petróleo han contaminado nuestras aguas y matado a incontables animales.

En abril de 2010, 11 trabajadores murieron por una explosión en el árgano petrolífero *Deepwater Horizon*. La explosión derramó miles de galones de petróleo en el Golfo. Tomó cinco meses sellar la pérdida y detener el flujo. Se usaron sustancias químicas para retirar el petróleo del agua. Pero el petróleo llegó a las playas y mató a plantas y animales. El Golfo aún se recupera.

El derrame de petróleo afectó al Golfo de muchas maneras. Murieron muchos peces, lo que dañó el medio ambiente y la economía pesquera. El turismo también disminuyó. Hubo menos visitantes, porque no podían tomar sol en playas cubiertas con petróleo. Como no venían personas, los restaurantes y los hoteles cerraron. Muchas personas perdieron su trabajo.

El petróleo mejora la vida de las personas en muchos sentidos, pero extraer petróleo también puede empeorar la vida. Necesitamos el petróleo, pero no queremos seguir contaminando nuestras aguas y destruyendo hábitats, o lugares donde viven animales y plantas. Como cada vez es más difícil encontrar petróleo, tendremos que encontrar otras fuentes de energía. Comencemos ahora.

Cuando se derrama petróleo, los voluntarios ayudan a limpiar retirando la arena empetrolada de las playas con palas. Unos trabajadores limpian las plumas de las aves en esta foto. Las aves han quedado cubiertas con petróleo del derrame de petróleo del Golfo.

Compruébalo ¿Cuáles son algunos productos de tu casa que están hechos con petróleo?

Vientos letales

por Elizabeth Massie

⌃ Esta pintura es una representación
artística de la destrucción que
sufrió Galveston durante el
huracán del año 1900.

Los vientos aúllan y la lluvia azota el suelo. Los árboles se caen y las olas chocan contra la tierra. ¿Qué sucede? Es un **huracán**.

La región de la costa del Golfo tiene muchas tormentas. El aire cálido y húmedo se encuentra con el aire más frío del Norte. El agua cálida se mezcla rápidamente con el aire más cálido y forma vientos fuertes. Los vientos giran más rápido y forman un huracán. Muchos huracanes han azotado la región del Golfo.

En el año 1900, un huracán azotó Galveston, Texas. Esta isla ciudad junto al Golfo albergaba a más de 35,000 personas. El 8 de septiembre de 1900, este huracán mató a aproximadamente 6,000 personas y dañó la ciudad.

La Oficina de Meteorología advirtió a Galveston que se acercaba una tormenta. Pero en ese entonces, los meteorólogos no podían predecir el poder de una tormenta o dónde azotaría.

Se izaron las banderas en el puerto para advertir a las personas, pero los pobladores locales habían vivido muchas tormentas y no tenían miedo. Vientos poderosos derribaron cables eléctricos y causaron inundaciones cuando el huracán azotó la ciudad. El director de la Oficina Meteorológica de Galveston luego escribió:

Este mapa muestra la trayectoria del huracán del año 1900.

Llegué a casa y encontré que el agua la rodeaba hasta la cintura. De inmediato fui a trabajar para ayudar a las personas... a entrar a mi casa. ...A las 8 p. m. un número de casas estaban a la deriva y se incrustaron al este y al sudoeste de mi residencia, y estas, con la fuerza de las olas actuaban como arietes... y a las 8:30 p. m. mi casa se hundió con unas cincuenta personas que se habían refugiado allí.

La tormenta letal azota

Vientos violentos empujaron agua sobre la isla. Algunos edificios se despedazaron y otros quedaron aplastados. **Escombros**, o restos de objetos esparcidos, llenaron el área.

Milton Elford y su familia abandonaron su casa y se apresuraron a entrar a una casa cercana más grande. Su casa no pudo resistir la tormenta. Milton sobrevivió pero su familia no. Más tarde, escribió:

> Todos nos reunimos en una habitación; de un solo golpe la casa perdió sus cimientos, el agua ingresó hasta la cintura y todos corrimos hacia la puerta, pero no pudimos abrirla. Luego rompimos la ventana y encabecé la salida. Solo había salido en parte cuando la casa se cayó encima de nosotros. Recibí un golpe en la cabeza que me derribó y caí al agua de cabeza. ...Me levanté y me aferré a unos escombros al otro lado de la casa.

Samuel Young primero observó la tormenta desde la playa. Luego la observó desde el muelle, donde los barcos desembarcan. Describió lo que vio:

> Los escombros pasaron volando, pues la marea se había vuelto muy rápida. A veinte minutos de las seis en punto... había un marcado aumento de la violencia del viento. ...Vi cómo la marea se elevó cuatro pies en un instante. En unos cuantos minutos varias casas... se hicieron pedazos y se fueron flotando.

Al principio, Ida Smith Austin no estaba muy preocupada por la tormenta que se acercaba. Su opinión pronto cambió:

> El viento parecía que se volvía más furioso y llegaba a la increíble velocidad [fuerza] de 120 millas por hora. Las persianas se desprendieron de las ventanas, marcos, bastidores y todo, entraron de golpe y el agua de lluvia se acumuló una pulgada y media en los pisos superiores.

El huracán de Galveston destruyó más de 2,500 casas. Vientos fuertes y olas que golpeaban derribaron edificios. El agua se elevó de 15 a 20 pies.

Muchas casas junto a la costa del Golfo están construidas sobre pilares. Esta tiene las ventanas cubiertas con tablas cuando se acerca el huracán Ike.

Después de la tormenta

Personas de todos los Estados Unidos ayudaron a los sobrevivientes de Galveston. Algunos enviaron dinero y otros viajaron allí para ayudar a limpiar la ciudad. Clara Barton, la fundadora de la Cruz Roja, llegó el 17 de septiembre de 1900. Ella y otras personas donaron alimentos y ropa.

Los ingenieros diseñaron un dique marino de 17 pies de altura para evitar que futuras olas golpearan la costa. El dique marino todavía está en pie. También elevaron el terreno de la isla en algunas áreas. Estas mejoras ayudaron cuando el huracán Ike azotó la isla en el año 2008. Aunque ese huracán **devastó** Galveston, las primeras advertencias les permitieron a muchas personas abandonar la ciudad de forma segura. Aproximadamente 74 personas murieron en el huracán Ike, comparadas con las miles que murieron en el año 1900.

Los huracanes no pueden evitarse, pero los meteorólogos pueden estar atentos a ellos. El Centro Nacional de Huracanes usa aviones y satélites para rastrear huracanes. Los aviones y los satélites les permiten predecir las tormentas más temprano. Se puede advertir a las personas que abandonen un área antes de que azoten los letales vientos.

Compruébalo ¿Cómo hicieron los habitantes de Galveston para que la ciudad fuera más segura después del huracán?

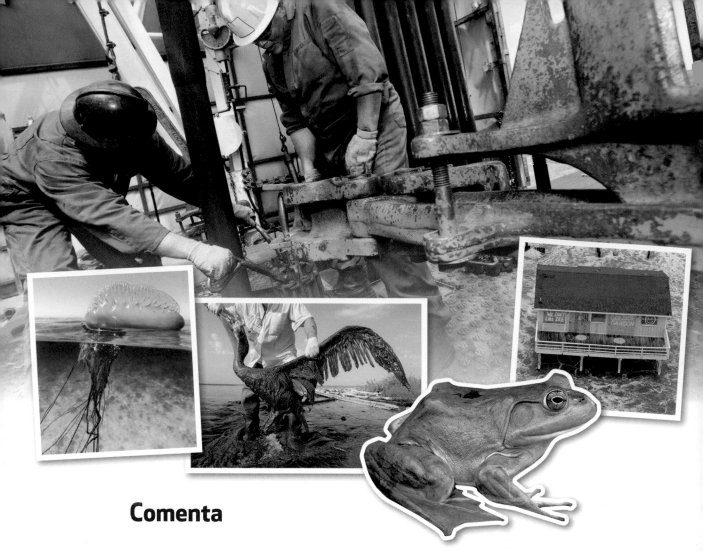

Comenta

1. ¿Qué conexiones puedes establecer entre los cinco artículos de este libro? ¿Cómo se relacionan los artículos?

2. ¿Qué influencia tienen el agua y la tierra en las personas que viven en la costa del Golfo?

3. ¿Cuáles son las ventajas y las desventajas de extraer petróleo en el Golfo?

4. Compara los huracanes que azotaron Galveston en los años 1900 y 2008. ¿Cómo influyeron los cambios de la tecnología meteorológica en cómo lidian las personas con cada tormenta?

5. ¿Qué más te gustaría saber sobre la costa del Golfo? ¿Cómo puedes aprender más?